DU FU
BIOGRAPHY

杜甫传

中国历史名人传记

QING QING JIANG

江清清

PREFACE

I am excited to welcome you to the Chinese Biography series. In this series, we will discover lives of some of the most famous people from Chinese history. Each book will introduce a famous Chinese personality whose contributions were immense to shape China's future. The books in Biography series contain numerous lessons in Mandarin Chinese. We start with a brief introduction of the book in the preface (前言), a bit detailed introduction to the person, and continue to dig his life and relevant issues. Each book contains 6 to 10 chapters made of simple Chinese sentences. For the readers' convenience, a comprehensive vocabulary has been provided at the beginning of each chapter. The pinyin for the Chinese text is provided after the main text. Further, to enforce a deeper Chinese learning, the English interpretation of the Chinese text has been purposely excluded from the books. This would help the readers think deeply about the contents the way native Chinese do! In order to help the students of Mandarin Chinese remember important characters, words, long words, idioms, etc., these entities have been purposely repeated throughout the book, and across the books in the series. Taken together, the books in Biography series will tremendously help readers improve their Chinese reading skills.

If you have any questions, suggestions, and feedbacks, feel free to let me know in the review or comments.

You can find more about China and Chinese culture on my blog and Amazon homepage.

I blog at:

www.QuoraChinese.com

-Qing Qing

江清清

©2022 Qing Qing Jiang

All rights reserved.

MOST FAMOUS &

TOP INFLUENTIAL PEOPLE IN

CHINESE HISTORY

SELF-LEARN READING

MANDARIN CHINESE, VOCABULARY,

EASY SENTENCES,

HSK ALL LEVELS

(PINYIN, SIMPLIFIED CHARACTERS)

ACKNOWLEDGMENTS

I am a blogger. It has been a long and interesting journey since I started blogging quite a few years ago.

The blogging passion enabled me to write useful contents. In particular, I have been writing about China, and its culture.

My passion in writing was supported by my friends, colleagues, and most importantly, the almighty.

I thank everyone for constantly inspiring me in my life endeavours.

CONTENTS

PREFACE 2
ACKNOWLEDGMENTS 4
CONTENTS 5
LIFE (人物生平) 7
FAMILY BACKGROUND (家世背景) 14
BAD OFFICIAL CAREER (仕途不顺) 19
WAR AND EXILE (战乱流离) 26
THE OFFICER PERIOD (为官时期) 31
HARD OLD AGE (晚年艰辛) 36
SUDDEN DEATH (猝然长逝) 41

前言

　　说起唐代的大诗人，除了李白，还有杜甫。人们称李白是"诗仙"，称杜甫则是"杜甫"。世人还把这两位诗人合称为"大李杜"，"小李杜"指的是李商隐和杜牧，毫无疑问，"大李杜"的地位更高。虽然李白和杜甫都是唐代著名的大诗人，但是李白生活在盛唐时期，而杜甫生活在唐朝由盛转衰的时期，所以生活环境的不同导致了他们写诗的风格也不一样。不仅如此，杜甫还生活在一个世代为官的家庭里，在原生家庭的导致他从小就对官场比较感兴趣，长大以后也是热衷于求取一官半职，但是同李白一样，杜甫的求官之路也异常的艰难。世人皆知杜甫是一位诗人，我更愿意说杜甫是一位爱国诗人。杜甫的一生始终心怀天下，忧国忧民，从他的很多诗句当中我们也可以看出杜甫的爱国。接下来就让我们一起走进这位爱国诗人的一生。

Shuō qǐ táng dài de dà shīrén, chúle lǐbái, hái yǒu dùfǔ. Rénmen chēng lǐbái shì "shī xiān", chēng dùfǔ zé shì "dùfǔ". Shìrén hái bǎ zhè liǎng wèi shīrén hé chēng wèi "dà lǐ dù","xiǎo lǐ dù" zhǐ de shì lǐshāngyǐn hé dùmù, háo wú yíwèn,"dà lǐ dù" dì dìwèi gèng gāo. Suīrán lǐbái hé dùfǔ dōu shì táng dài zhùmíng de dà shīrén, dànshì lǐbái shēnghuó zài shèng táng shíqí, ér dùfǔ shēnghuó zài táng cháo yóu shèng zhuǎn shuāi de shíqí, suǒyǐ shēnghuó huánjìng de bùtóng dǎozhìle tāmen xiě shī de fēnggé yě bù yīyàng. Bùjǐn rúcǐ, dùfǔ hái shēnghuó zài yīgè shìdài wéi guān de jiātíng lǐ, zài yuánshēng jiātíng de dǎozhì tā cóngxiǎo jiù duì guānchǎng bǐjiào gǎn xìngqù, zhǎng dà yǐhòu yěshì rèzhōng yú qiú qǔ yī guān bàn zhí, dànshì tóng lǐbái yīyàng, dùfǔ de qiú guān zhī lù yě yìcháng de jiānnán. Shìrén jiē zhī dùfǔ shì yī wèi shīrén, wǒ gèng yuànyì shuō dùfǔ shì yī wèi àiguó shīrén. Dùfǔ de yīshēng shǐzhōng xīnhuái tiānxià, yōu guó yōu mín, cóng tā de hěnduō shījù dāngzhōng wǒmen yě kěyǐ kàn chū dùfǔ de àiguó. Jiē xiàlái jiù ràng wǒmen yīqǐ zǒu jìn zhè wèi àiguó shīrén de yīshēng.

LIFE (人物生平)

Du Fu (杜甫, 712-770) was a great poet of realism (现实主义) in the Tang Dynasty. Together with Li Bai (李白, 701-762), he is also known as "Li Du" (李杜).

Du Fu's great-grandfather, Du Yiyi (杜依艺, ?-?), was a native of Xiangyang, Hebei province (湖北襄阳). He served as the judicial magistrate of Yongzhou (雍州司法), and later as the magistrate of the Gong County of Luozhou (洛州巩县), located in modern Henan Province (河南巩县). After serving in the Gong County, his family settled there. Hence, Du Fu was born in the Gong County (now in Henan).

Du Fu's grandfather, Du Shenyan (杜审言, 645-708), was not only a Jinshi (进士) -- a successful candidate in the highest imperial examination, but also a senior minister. Du Fu's father was Du Xian (杜闲, 682-741), a was the magistrate of Yanzhou (兖州).

Du Fu was born in 712 in the Gong County. His mother, Cui Shi (崔氏), died when Du Fu was young. As a teenager, Du Fu lived a relatively happy and prosperous life due to his affluent family background. He was fond of learning since he was a child.

Du Fu was able to write poetry at the age of seven. He was also very naughty when he was young. He liked travelling during his young age.

Due to a good family background, Du Fu, in his youth, had the opportunity to get to know different cultures and arts, which had a great influence on his poetry in the future.

In the year 736, Du Fu took the Jinshi examination in Luoyang, but he failed. At that time, Du Fu's father was serving as the magistrate of Yanzhou, so Du Fu went to Yanzhou to spend time with family. Then, he went to travel to the areas of the ancient Qi (齐) and Zhao (赵) states, and lived a happy life travelling and visiting news places. During this period, Du Fu's was very energetic and wrote the poem "Wang Yue" (望岳), which is one of his masterpieces. In particular, these two sentences of the poem are very famous:

会当凌绝顶，

一览众山小。

Huì dāng líng juédǐng,

yīlǎn zhòng shān xiǎo.

These lines, passed down through the ages, means: "I will be on the top of the mountain, and I will see the entire mountain scenery", revealing the extraordinary ambition of the poet in his youth.

Here is the full poem:

望岳

【作者】杜甫 【朝代】唐

岱宗夫如何？齐鲁青未了。

造化钟神秀，阴阳割昏晓。

荡胸生曾云，决眦入归鸟。

会当凌绝顶，一览众山小。

Wàng Yuè

[Zuòzhě] Dùfǔ [Cháodài] Táng

Dài zōngfū rúhé? Qílǔ qīng wèiliǎo.

Zàohuà zhōng shénxiù, yīnyáng gē hūn xiǎo.

Dàng xiōng shēng céng yún, jué zì rù guī niǎo.

Huì dāng líng juédǐng, yīlǎn zhòng shān xiǎo.

In the history of Chinese literature, there are countless touching encounters. For example, the meeting between Confucius (孔子) and Laozi (老子), the meeting between Qin Guan (秦观) and Su Shi (苏轼), the meeting between Li He (李贺) and Han Yu (韩愈), the meeting between Su Shi (苏轼) and Ouyang Xiu (欧阳修).

The great Poet-Sage Du Fu once had an idol in his heart: Li Bai. He also had a touching encounter with his idol.

In AD 744, Du Fu came to Luoyang in frustration after his failure in the imperial examination.

Luoyang was the ancient capital of China's thirteen dynasties. Even now, it has so many historical places of interest that are rich and graceful, containing the long ancient charm that has been passed down by the past dynasties.

Du Fu wanted to make a short stop in Luoyang, and then set off for the next place.

At this time, Li Bai, who had just left Chang'an due to problems with the ruling Emperor Xuanzong of the Tang Dynasty. In a sullen mood, Li Bai also came to Luoyang. So, in 744 AD, Du Fu and Li Bai met for the first time in their lives.

In 744 AD, when Du Fu was 32 years old and Li Bai was 43 years old, Du Fu unexpectedly met Li Bai in Luoyang. At this time, although Li Bai was no longer an enviable imperial poet, he was already famous all over the world, and no one could be compared with him. Everywhere he went, he had a large group of fans. Thirty-two-year-old Du Fu was still unknown at the time.

Although Li Bai was 11 years older than Du Fu and was the master of poetry, Li Bai did not have the slightest arrogance in front of the young man Du Fu.

And Du Fu did not bow his head in front of Li Bai to praise him blindly as he was restrained by inferiority.

They sat down and chatted for a while, Li Bai read a few more poems by Du Fu, and they became friends. Li Bai admired Du Fu's poems very much, especially the poem "Wang Yue". From it, he saw Du Fu's ambition to "be at the top of the mountain and see all the mountains at a glance". Both Li Bai and Du Fu believed that although they had never known each other, their spiritual aura was the closest.

During their days in Luoyang, Li Bai and Du Fu spent together during the day, and indulged in drinking at night. Sometimes, they'd gallop on horseback, chase eagles and deer, and enjoy hunting on the vast plains. During these days, although Du Fu occasionally felt melancholy for the lack of talent that Li Bai had, but the quiet life under the mulberry field and the company of each other, made Du Fu and Li Bai feel the warmth that has been missing for a long time.

In the autumn of 744, Du Fu and Li Bai met the poet Gao Shi (高适, 704-765). The three of them happily walked together. They went to the wine shop, discussed poetry and prose. They were simply too happy.

But there is no lasting feast in the world, and separation would always come. The days of reunion were short, and they soon ushered in parting.

In the year 745, Du Fu met Li Bai again, this time in Shandong. They traveled together in the regions of the ancient Qi (齐) and Lu (鲁) states, visiting several places, including Qufu (曲阜, the hometown of Confucius), and numerous mountains and rivers. At this time, they have long been old friends. Besides drinking and writing poetry, he discussed alchemy and seeking immortals, and jointly visited Fan Yeren (范野人), a hermit in the north of Yanzhou City. The two also exchanged poems. They had a wonderful time together before departing. Later, they never saw each other again as the political situation wrecked havoc in the Tang Empire.

In 747, at the age of 35, he appeared in the imperial examination (科举考试) in Chang'an and failed (落第) again. In fact, all the scholars who participated in the exam were not selected. Since the road to the imperial examination did not work, in order to realize his political ideals, Du Fu had to switch to other means: by way of giving gifts to those in the power. Later, he presented gifts to the emperor and the nobles through intermediaries (投赠), but to no avail. In fact, he lived in

Chang'an for ten years, ran around to offer his gifts, was depressed and frustrated with his career, and lived a poor life.

In the year 755, Du Fu was awarded a small official position in Hexi (河西尉), but Du Fu was unwilling to hold the position. However, because Du Fu was forty-four years old and had been in Chang'an for more than ten years, he accepted this useless job for his livelihood. In November of the same year, Du Fu went to his provincial home in Fengxian County (now Pucheng County, Shaanxi Province, 今陕西省蒲城县). As soon as Du Fu entered the house, he heard crying. It turned out that his youngest son died of starvation. Based on the ten-year experience in Chang'an, he wrote the famous poem "Five Hundred Characters from capital to Fengxian County"《自京赴奉先县咏怀五百字》.

Around the same time, in the year 755, the Anshi Rebellion (安史之乱) broke out, and Du Fu had to go to many places. He didn't like the officialdom as he witnessed the extravagance and social crisis of the upper class of the Tang Dynasty.

In the year 759, Du Fu gave up his office and went to Sichuan. Although he avoided the war and lived a relatively stable life, he still cared about the common people and had state affairs in the mind. During this period, Du Fu created several masterpieces, such as Climbing High《登高》, Spring View《春望》, Northern Expedition《北征》, etc.

In the winter of the year 770, he passed away at the age of 59.

There are at least eight tombs of Du Fu located across China, such as Gongxian and Yanshi in Henan, Pingjiang in Hunan, Huayang in Shaanxi, and Huanhuaxi in Chengdu, Sichuan. Regarding exactly which one is the real tomb, which one is fake, there has been different opinions for thousands of years. Even the Book of Tang 《旧唐书》, doesn't provide a clear answer. However, a large number of scholars believe that Du Fu was buried in Shouyang Mountain in Luoyang (洛阳首阳山).

Although Du Fu's poems were full of realism, he also had natural and unconstrained side. It is not difficult to see Du Fu's enthusiasm from his masterpiece "The Song of the Eight Immortals in Drinking" 《饮中八仙歌》.

Although Du Fu was not famous when he was alive, his fame eventually spread far and wide, and he profoundly influenced both Chinese and Japanese literature.

Du Fu's influence on Chinese classical poetry has been far-reaching. He was called "Poet-Sage" (诗圣) by the later generations, and his poems are called "History of poetry" (诗史). About 1,500 poems of Du Fu have been preserved, most of which are collected in Du Gong Bu Ji 《杜工部集》.

"Du Gongbu Ji" is a collection of poems and essays by the poet Du Fu. It was named after Du Fu. It contains more than 1,400 poems and more than 30 essays. The collection occupies an important position in the history of world literature. In particular, his poems marked the peak of realism in Chinese classical poetry. His poetry was based on honesty; his style was strong.

No wonder, he is honored as "Poet-Sage". As of now, Du Fu is as famous as Li Bai, and they are together called "Li Du".

FAMILY BACKGROUND (家世背景)

1	杜甫	Dùfǔ	Du Fu, one of China's greatest poets of the Tang dynasty
2	官僚	Guānliáo	Bureaucrat
3	祖父	Zǔfù	Grandfather
4	朝廷	Cháotíng	Royal or imperial court
5	任职	Rènzhí	Take office; hold a post; be in office
6	熏陶	Xūntáo	Exert a gradual, uplifting influence on; nurture; edify
7	小便	Xiǎobiàn	Urinate; pass water; pee; empty one's bladder
8	官场	Guānchǎng	Officialdom; official circles
9	感兴趣	Gǎn xìngqù	Be interested in
10	不幸的是	Bùxìng de shì	Unfortunately; sad to say
11	出生	Chūshēng	Be born; birth
12	两年	Liǎng nián	Years; Two years; For two years.
13	去世	Qùshì	Die; pass away
14	没有什么	Méiyǒu shé me	Nothing the matter; nothing wrong
15	印象	Yìnxiàng	Impression; sensation; effect
16	提及	Tí jí	Mention; retrospect; refer to
17	姑母	Gūmǔ	One's father's sister; aunt
18	才子	Cáizǐ	Gifted scholar
19	在当时	Zài dāngshí	At that time; in those days; at the time
20	名气	Míngqì	Reputation; fame; name
21	从小	Cóngxiǎo	From childhood; since one was

			very young; as a child
22	天赋	Tiānfù	Inborn; innate; endowed by nature; natural gift
23	很久	Hěnjiǔ	For ages; a long time ago
24	上手	Shàngshǒu	Left-hand seat; seat of honor
25	聪慧	Cōnghuì	Bright; intelligent; clever; astute
26	诗歌	Shīgē	Poems and songs; poetry
27	启蒙老师	Qǐméng lǎoshī	One's first teacher who initiates reading; teacher who introduces one to a certain field of study
28	悉心	Xīxīn	Devote all one's attention; take the utmost care
29	照料	Zhàoliào	Take care of; attend to; tend; mind
30	起居	Qǐjū	Daily life
31	充当	Chōngdāng	Serve as; act as; play the part of; pose as
32	曾经	Céngjīng	Once
33	寄宿	Jìsù	Lodge; put up; board
34	一段时间	Yīduàn shíjiān	A period of time
35	特别	Tèbié	Special; unusual; particular; out of the ordinary
36	尽管	Jǐnguǎn	Despite; not hesitate to
37	儿子	Érzi	Son
38	从来	Cónglái	Always; at all times; all along
39	偏袒	Piāntǎn	Favor; be partial to and side with
40	风寒	Fēnghán	Wind chill; chill; cold; wind-cold
41	他们俩	Tāmen liǎ	They two; those two
42	照顾自己	Zhàogù zìjǐ	Look after oneself; take care of oneself; take care of myself

43	母爱	Mǔ'ài	Mother love; maternal love
44	温暖	Wēnnuǎn	Warm
45	才华	Cáihuá	Literary or artistic talent; rich talent; talent; gifts
46	家人	Jiārén	Family member; servant
47	志向远大	Zhìxiàng yuǎndà	One's aspirations are far-reaching
48	心怀	Xīnhuái	Harbor; entertain; cherish
49	天下	Tiānxià	China or the world; land under heaven
50	可见	Kějiàn	It is thus clear that; visible; visual
51	一个人	Yīgè rén	One

Chinese (中文)

杜甫出生在一个官僚家族，他的父亲，他的祖父都在朝廷任职，在家庭环境的熏陶下，所以杜甫很小便对官场感兴趣。

但是不幸的是，杜甫的母亲在他出生后两年就去世了，所以杜甫对母亲没有什么印象，他的诗中也很少提及他的母亲。

对杜甫影响最大的不是他的父母，而是他的祖父和姑母。

杜甫的祖父杜审言也是一位才子，在当时也是小有名气的。所以杜甫在祖父的影响之下，杜甫也便从小接触诗歌，而且也颇有天赋，别人得学很久的诗歌，他一学就上手了，是个十分聪慧的孩子。

可以说，杜甫的祖父杜审言是杜甫接触诗歌的启蒙老师。而他的姑母，则是悉心照料他生活起居的人，充当着母亲的角色。

杜甫小的时候，曾经在姑母家寄宿了一段时间。姑母对他特别好，尽管姑母自己也有一个儿子，但从来不会偏袒谁。

甚至有一次，杜甫和姑母的儿子同时感染上风寒，姑母悉心地照顾他们俩，而且每次都是先照顾杜甫，然后再照顾自己的孩子，因为她知道这个时候地杜甫更需要母爱，这也让杜甫感受到了母亲的温暖。

正是有这样有才华而又温暖的家人，才能培养出一身正气，志向远大，心怀天下的杜甫，可见原生家庭对一个人有多大的影响。

Pinyin (拼音)

Dùfǔ chūshēng zài yīgè guānliáo jiāzú, tā de fùqīn, tā de zǔfù dōu zài cháotíng rènzhí, zài jiātíng huánjìng de xūntáo xià, suǒyǐ dùfǔ hěn xiǎobiàn duì guānchǎng gǎn xìngqù.

Dànshì bùxìng de shì, dùfǔ de mǔqīn zài tā chūshēng hòu liǎng nián jiù qùshìle, suǒyǐ dùfǔ duì mǔqīn méiyǒu shé me yìnxiàng, tā de shī zhōng yě hěn shǎo tí jí tā de mǔqīn.

Duì dùfǔ yǐngxiǎng zuìdà de bùshì tā de fùmǔ, ér shì tā de zǔfù hé gūmǔ.

Dùfǔ de zǔfù dù shěn yán yěshì yī wèi cáizǐ, zài dāngshí yěshì xiǎo yǒu míngqì de. Suǒyǐ dùfǔ zài zǔfù de yǐngxiǎng zhī xià, dùfǔ yě biàn cóngxiǎo jiēchù shīgē, érqiě yě pǒ yǒu tiānfù, biérén dé xué hěnjiǔ de shīgē, tā yī xué jiù shàngshǒule, shìgè shífēn cōnghuì de háizi.

Kěyǐ shuō, dùfǔ de zǔfù dù shěn yán shì dùfǔ jiēchù shīgē de qǐméng lǎoshī. Ér tā de gūmǔ, zé shì xīxīn zhàoliào tā shēnghuó qǐjū de rén, chōngdāngzhe mǔqīn de juésè.

Dùfǔ xiǎo de shíhòu, céngjīng zài gūmǔ jiā jìsùle yīduàn shíjiān. Gūmǔ duì tā tèbié hǎo, jǐnguǎn gūmǔ zìjǐ yěyǒu yīgè er zi, dàn cónglái bu huì piāntǎn shéi.

Shènzhì yǒu yīcì, dùfǔ hé gūmǔ de ér zǐ tóngshí gǎnrǎn shàng fēnghán, gūmǔ xīxīn dì zhàogù tāmen liǎ, érqiě měi cì dōu shì xiān zhàogù dùfǔ, ránhòu zài zhàogù zìjǐ de háizi, yīnwèi tā zhīdào zhège shí hou dì dùfǔ gèng xūyào mǔ'ài, zhè yě ràng dùfǔ gǎnshòu dàole mǔqīn de wēnnuǎn.

Zhèng shì yǒu zhèyàng yǒu cáihuá ér yòu wēnnuǎn de jiārén, cáinéng péiyǎng chū yīshēn zhèngqì, zhìxiàng yuǎndà, xīnhuái tiānxià de dùfǔ, kějiàn yuánshēng jiātíng duì yīgè rén yǒu duōdà de yǐngxiǎng.

BAD OFFICIAL CAREER (仕途不顺)

1	世风日下	Shìfēng rì xià	The moral degeneration of the world is getting worse day by day
2	朝廷	Cháotíng	Royal or imperial court
3	越来越	Yuè lái yuè	More and more
4	无能	Wúnéng	Incompetent; incapable
5	痛恨	Tònghèn	Hate bitterly; utterly detest
6	一心	Yīxīn	Wholeheartedly; heart and soul
7	自己的	Zìjǐ de	Self
8	读书人	Dúshūrén	Scholar; intellectual
9	科举	Kējǔ	Imperial examination
10	相对于	Xiāngduì yú	Relative to
11	公平	Gōngpíng	Fair; just; impartial; equitable
12	读书	Dúshū	Read; study; attend school
13	寒窗苦读	Hánchuāng kǔ dú	Studying at a cold window; the life of a poor scholar; persevere in one's studies in spite of hardships
14	考取	Kǎoqǔ	Pass an entrance examination; be admitted to a school or college
15	功名	Gōngmíng	Scholarly honor or official rank
16	弟子	Dìzǐ	Disciple; pupil; follower
17	翻身	Fānshēn	Turn over
18	天下	Tiānxià	China or the world; land under heaven

19	学子	Xuézǐ	Student
20	长安	Cháng'ān	Capital of China in the Han/Tang dynasties
21	没想到	Méi xiǎngdào	Have not expected or thought of
22	闹剧	Nàojù	Farce
23	落榜	Luòbǎng	Flunk a competitive examination for a job or school admission
24	提拔	Tíbá	Promote; preferment
25	关系户	Guānxì hù	Relative family; an individual, group, or organization receiving preferential treatment
26	提携	Tíxié	Lead by the hand
27	寒窗苦读	Hánchuāng kǔ dú	Studying at a cold window -- the life of a poor scholar; persevere in one's studies in spite of hardships
28	灰心丧气	Huīxīn sàngqì	Get disheartened; get discouraged; feel depressed; lose heart or become dispirited
29	壮志	Zhuàngzhì	Great aspiration; lofty ideal
30	垂头丧气	Chuítóu sàngqì	Become dejected and despondent; be downcast; be in low spirits; be weighed down
31	不通	Bùtōng	Be obstructed; be blocked up
32	做官	Zuò guān	Be an official; secure an official position
33	寻出路	Xún chūlù	To seek somebody's fortune
34	既然	Jìrán	Since; as; now that

35	投靠	Tóukào	Go and seek refuge with somebody; go and live as a dependent
36	权贵	Quánguì	Influential officials; bigwigs
37	大多	Dàduō	For the most part; mostly
38	官场	Guānchǎng	Officialdom; official circles
39	毕竟	Bìjìng	After all; all in all; when all is said and done; in the final analysis
40	俗话	Súhuà	Common saying; popular saying; proverb; adage
41	近水楼台先得月	Jìnshuǐ lóutái xiān dé yuè	Be a waterfront tower; first come, first served; a waterfront pavilion gets the moonlight first; the advantage of being in a favored position
42	无疾而终	Wújí'érzhōng	Die without a sickness; die in one's sleep; die without any illness
43	长达	Zhǎng dá	Lengthen out to
44	奔走	Bēnzǒu	Run
45	人家	Rénjiā	Household; other; another
46	珍惜	Zhēnxī	Treasure; value; cherish; treasure and avoid wasting
47	每一次	Měi yīcì	Every time; at a time; from one time to the next
48	抓住机会	Zhuā zhù jīhuì	Embrace an opportunity; grasp an opportunity; seize an opportunity; seize the moment
49	诗作	Shīzuò	Poem; verse; poetical work
50	有心人	Yǒuxīn rén	A person who sets his mind on doing something useful; a

			person with high aspirations and determination
51	造化弄人	Zàohuà nòng rén	The god of destiny makes fools of the people
52	面试官	Miànshì guān	Interviewer; the Interviewer; HR; Interview Others
53	过节	Guòjié	Festivities; celebrate festivities; celebrate a festival
54	官职	Guānzhí	Government post; official position
55	希望	Xīwàng	Hope; wish; expect; want
56	努力	Nǔlì	Make great efforts; try hard; exert oneself
57	这么	Zhème	So; such; this way; like this
58	为了	Wèile	For; for the sake of; in order to
59	谋生	Móushēng	Seek a livelihood; earn one's living; make a living
60	还是	Háishì	Still; nevertheless; all the same
61	由于	Yóuyú	Owing to; thanks to; as a result of; due to
62	不了	Bùliǎo	Without end
63	多少钱	Duōshǎo qián	How much; How much is it; RMB
64	甚至	Shènzhì	Even; so far as to; so much so that
65	不够	Bùgòu	Not enough; insufficient; lack
66	小儿子	Xiǎo érzi	One's youngest son
67	活生生	Huóshēng shēng	In real life; actual; real; living
68	饿死	È sǐ	Die from hunger; starve to death
69	由此可见	Yóu cǐ kě	Thus it can be seen; it follows

		jiàn	that
70	清贫	Qīngpín	Be poor

Chinese (中文)

由于生活在晚唐时期，这个时候的唐朝已经在走下坡路了，社会世风日下，朝廷也越来越腐败，官员越来越无能，杜甫痛恨这种现象，所以一心求官，想要通过自己的力量来改变这种局面。

作为一个读书人，最快的方法应该是参加科举考试了，因为考试是相对于来说比较公平的方式了。很多读书人寒窗苦读数十年就是为了考取功名，而且这对于寒门弟子，也是一个翻身的机会。

杜甫也想走这条途径，当时正好唐玄宗昭告天下学子皆可来参加科举考试，杜甫当然不会放弃这个机会，来到长安考试。

可是没想到这场考试最后成了一场闹剧，参加科举考试的学习都落榜了，被提拔上去的都是关系户，也就是靠幕后提携的关系，这让那些寒窗苦读学子们十分灰心丧气，满怀壮志的来，垂头丧气地走。

杜甫知道科举考试这条路是走不通了，想要做官，必须得另寻出路。既然靠考试没用，那就去投靠权贵，他们大多是身在官场的人或者是接触官场比较多的人。毕竟俗话说得好，近水楼台先得月。

虽然杜甫投靠了很多人，最后都是无疾而终。长达数十年的时间里，杜甫奔走在各个权贵人家家里，却始终没有受到重视。

但是杜甫仍然没有放弃，还是珍惜每一次机会展示自己的才能。在一次盛典上，杜甫果断地抓住机会，向唐玄宗献上了他的诗作。皇天不负有心人，杜甫的诗作终于入了唐玄宗的眼。

但是造化弄人，由于与面试官有过节，面试官并不想提拔他，所以杜甫最后只当上了一个低阶官职，这并不是杜甫所希望的，他努力了这么久，绝不是只为了这个小官。但是为了谋生，杜甫还是应下了这门官职。

由于是低阶官职，杜甫一个月也赚不了多少钱，甚至都不够他养家糊口。他的小儿子甚至还被活生生的饿死了，由此可见杜甫过得有多清贫。

Pinyin (拼音)

Yóuyú shēnghuó zài wǎn táng shíqí, zhège shíhòu de táng cháo yǐjīng zài zǒu xiàpōlùle, shèhuì shìfēng rì xià, cháotíng yě yuè lái yuè fǔbài, guānyuán yuè lái yuè wúnéng, dùfǔ tònghèn zhè zhǒng xiànxiàng, suǒyǐ yīxīn qiú guān, xiǎng yào tōngguò zìjǐ de lìliàng lái gǎibiàn zhè zhǒng júmiàn.

Zuòwéi yīgè dúshūrén, zuì kuài de fāngfǎ yīnggāi shì cānjiā kējǔ kǎoshìle, yīnwèi kǎoshì shì xiāngduìyú lái shuō bǐjiào gōngpíng de fāngshìle. Hěnduō dúshūrén hánchuāng kǔ dú shù shí nián jiùshì wèile kǎoqǔ gōngmíng, érqiě zhè duì yú hánmén dìzǐ, yěshì yīgè fānshēn de jīhuì.

Dùfǔ yě xiǎng zǒu zhè tiáo tújìng, dāngshí zhènghǎo táng xuánzōng zhāo gào tiānxià xuézǐ jiē kě lái cānjiā kējǔ kǎoshì, dùfǔ dāngrán bù huì fàngqì zhège jīhuì, lái dào cháng'ān kǎoshì.

Kěshì méi xiǎngdào zhè chǎng kǎoshì zuìhòu chéngle yī chǎng nàojù, cānjiā kējǔ kǎoshì de xuéxí dōu luòbǎngle, bèi tíbá shàngqù de dōu shì guānxì hù, yě jiùshì kào mùhòu tíxié de guānxì, zhè ràng nàxiē hánchuāng kǔ dú xuézǐmen shífēn huīxīn sàngqì, mǎnhuái zhuàngzhì de lái, chuítóusàngqì de zǒu.

Dùfǔ zhīdào kējǔ kǎoshì zhè tiáo lù shì zǒu bùtōngle, xiǎng yào zuò guān, bìxū dé lìng xún chūlù. Jìrán kào kǎoshì méi yòng, nà jiù qù tóukào quánguì, tāmen dàduō shì shēn zài guānchǎng de rén huòzhě shì jiēchù guānchǎng bǐjiào duō de rén. Bìjìng súhuà shuō dé hǎo, jìnshuǐlóutái xiān dé yuè.

Suīrán dùfǔ tóukàole hěnduō rén, zuìhòu dōu shì wújí'érzhōng. Zhǎng dá shù shí nián de shíjiān lǐ, dùfǔ bēnzǒu zài gège quánguì rénjiā jiālǐ, què shǐzhōng méiyǒu shòudào zhòngshì.

Dànshì dùfǔ réngrán méiyǒu fàngqì, háishì zhēnxī měi yīcì jīhuì zhǎnshì zìjǐ de cáinéng. Zài yīcì shèngdiǎn shàng, dùfǔ guǒduàn de zhuā zhù jīhuì, xiàng táng xuánzōng xiànshàngle tā de shīzuò. Huángtiān bù fù yǒuxīnrén, dùfǔ de shīzuò zhōngyú rùle táng xuánzōng de yǎn.

Dànshì zàohuà nòng rén, yóuyú yǔ miànshì guān yǒu guòjié, miànshì guān bìng bùxiǎng tíbá tā, suǒyǐ dùfǔ zuìhòu zhǐ dāng shàngle yīgè dī jiē guānzhí, zhè bìng bùshì dùfǔ suǒ xīwàng de, tā nǔlìle zhème jiǔ, jué bùshì zhǐ wèile zhège xiǎo guān. Dànshì wèile móushēng, dùfǔ háishì yīng xiàle zhè mén guānzhí.

Yóuyú shì dī jiē guānzhí, dùfǔ yīgè yuè yě zhuàn bùliǎo duōshǎo qián, shènzhì dōu bùgòu tā yǎngjiā húkǒu. Tā de xiǎo érzi shènzhì hái bèi huóshēngshēng de è sǐle, yóu cǐ kějiàn dùfǔguò dé yǒu duō qīngpín.

WAR AND EXILE (战乱流离)

1	安史之乱	Ānshǐ zhīluàn	Rebellion of An Lushan; the An Lushan-Shi Siming rebel
2	国土	Guótǔ	Territory; land
3	沦陷	Lúnxiàn	Be occupied by the enemy; fall into enemy hands; submerge; flood
4	仓皇	Cānghuáng	In a flurry; in panic
5	逃走	Táozǒu	Run away; flee; take flight; take to one's heels
6	一片混乱	Yīpiàn hǔnluàn	Be in utter confusion; a scene of chaos; in complete shambles
7	多久	Duōjiǔ	How long?
8	太子	Tàizǐ	Crown prince
9	上位	Shàngwèi	Superior
10	也就是	Yě jiùshì	Namely; i.e.; that is
11	举家	Jǔ jiā	The whole family
12	搬迁	Bānqiān	Relocate; move out; move
13	避难	Bìnàn	Take refuge; seek asylum
14	安生	Ānshēng	Peaceful; restful
15	过日子	Guòrìzi	Live; get along
16	忧国忧民	Yōu guó yōu mín	Be concerned about one's country and one's people; care for the fate of his nation
17	受苦受难	Shòukǔ shòunàn	Have a rough time; have a hard time of it
18	百姓	Bǎixìng	Common people; people
19	支离破碎	Zhīlípòsuì	Be reduced to fragments; all broken up

20	献出	Xiàn chū	Donate
21	自己的	Zìjǐ de	Self
22	拯救	Zhěngjiù	Save; rescue; deliver
23	危难	Wéinàn	Danger and disaster; calamity
24	强烈反对	Qiángliè fǎnduì	Strongly oppose
25	毕竟	Bìjìng	After all; all in all; when all is said and done; in the final analysis
26	上有老下有小	Shàng yǒu lǎo xià yǒu xiǎo	There are old and young at home
27	不知道	Bù zhīdào	I don't know; no
28	还是	Háishì	Still; nevertheless; all the same
29	坚持	Jiānchí	Persist in; persevere in; uphold; insist on
30	最后	Zuìhòu	Last; final; ultimate
31	只身	Zhīshēn	Alone; by oneself
32	一个人	Yīgè rén	One
33	北上	Běishàng	Proceed northward; go north
34	拖累	Tuōlèi	Encumber; be a burden on
35	家人	Jiārén	Family member; servant
36	无愧于心	Wúkuì yú xīn	Have a clear conscience
37	没想到	Méi xiǎngdào	Have not expected or thought of
38	半路	Bànlù	Halfway; midway; on the way; in progress
39	叛军	Pàn jūn	Rebel army; rebel forces; insurgent troops
40	长安	Cháng'ān	Capital of China in the Han/Tang dynasties
41	只有	Zhǐyǒu	Only; alone
42	还有	Hái yǒu	There is still some left; still;

			furthermore; in addition
43	王维	Wáng wéi	Wang Wei, a celebrated scholar and artist; one of the "Four Great Tang Poets"
44	等人	Děng rén	People of the same rank/grade; and others
45	当初	Dāngchū	At the beginning; originally; at the outset; in the first place
46	官职	Guānzhí	Government post; official position
47	用处	Yòngchù	Use; good
48	囚禁	Qiújìn	Imprison; put in jail; put in prison; keep in captivity
49	士兵	Shìbīng	Rank-and-file soldiers; privates
50	严加	Yán jiā	Sternly
51	看管	Kānguǎn	Look after; attend to; guard; watch
52	尽管如此	Jǐnguǎn rúcǐ	Despite all this; even though; in spite of; for all that
53	自身	Zìshēn	Oneself; self
54	难保	Nánbǎo	Cannot say for sure; difficult to ensure
55	情况下	Qíngkuàng xià	Situation; Circumstances; case
56	担忧	Dānyōu	Worry; be anxious
57	国民	Guómín	National
58	时期	Shíqí	Period
59	脍炙人口	Kuàizhì rénkǒu	Win universal praise; as appealing to most people; become very popular; be oft-quoted and widely loved
60	诗篇	Shīpiān	Poem

Chinese (中文)

安史之乱后，国土沦陷，唐玄宗仓皇逃走，国家处于一片混乱。没过多久，太子上位，也就是唐肃宗。

当时的杜甫已经举家搬迁到安全一点的地方避难去了，本可以安生地过日子，但是杜甫是一个忧国忧民的人，虽然他暂时安全，但是他始终担忧着其他受苦受难的百姓和支离破碎的国家。

所以在听说唐肃宗上位后，杜甫仍然想献出自己的一份力量，拯救国家，拯救人民于危难之中。哪怕杜甫的家人强烈反对，不想他冒这个险，毕竟他上有老下有小，这一去，不知道还能不能回来。

但是杜甫还是坚持要去，最后他还是只身一个人北上，他也不想拖累他的家人，但是他得无愧于心。

可没想到的是，在半路上杜甫就被叛军抓走了。叛军把杜甫抓到了长安，被抓来的不只有杜甫，还有王维等人。

当初杜甫瞧不上自己被封的官职，嫌这官职太小，如今可是给他带来了很大的用处。正是因为他的官职比较小，所以叛军并没有把他囚禁起来，而和他一起被抓的王维便有士兵严加看管。

尽管如此，杜甫在自身都难保的情况下还担忧着国民，在这个时期写下了许多脍炙人口的诗篇。

Pinyin (拼音)

Ānshǐzhīluàn hòu, guótǔ lúnxiàn, táng xuánzōng cānghuáng táozǒu, guójiā chǔyú yīpiàn hǔnluàn. Méiguò duōjiǔ, tàizǐ shàngwèi, yě jiùshì tángsùzōng.

Dāngshí de dùfǔ yǐjīng jǔ jiā bānqiān dào ānquán yīdiǎn dì dìfāng bìnàn qùle, běn kěyǐ ān shēngdì guòrìzi, dànshì dùfǔ shì yīgè yōu guó yōu mín de rén, suīrán tā zhànshí ānquán, dànshì tā shǐzhōng dānyōuzhe qítā shòukǔ shòunàn de bǎixìng hé zhīlípòsuì de guójiā.

Suǒyǐ zài tīng shuō tángsùzōng shàngwèi hòu, dùfǔ réngrán xiǎng xiàn chū zìjǐ de yī fèn lìliàng, zhěngjiù guójiā, zhěngjiù rénmín yú wéinàn zhī zhōng. Nǎpà dùfǔ de jiārén qiángliè fǎnduì, bùxiǎng tā mào zhège xiǎn, bìjìng tā shàng yǒu lǎo xià yǒu xiǎo, zhè yī qù, bù zhīdào huán néng bùnéng huílái.

Dànshì dùfǔ háishì jiānchí yào qù, zuìhòu tā háishì zhīshēn yīgè rén běishàng, tā yě bùxiǎng tuōlèi tā de jiārén, dànshì tā dé wúkuì yú xīn.

Kě méi xiǎngdào de shì, zài bàn lùshàng dùfǔ jiù bèi pàn jūn zhuā zǒule. Pàn jūn bǎ dùfǔ zhuā dàole cháng'ān, bèi zhuā lái de bù zhǐyǒu dùfǔ, hái yǒu wáng wéi děng rén.

Dāngchū dùfǔ qiáo bù shàng zìjǐ bèi fēng de guānzhí, xián zhè guānzhí tài xiǎo, rújīn kěshì gěi tā dài láile hěn dà de yòngchù. Zhèng shì yīnwèi tā de guānzhí bǐjiào xiǎo, suǒyǐ pàn jūn bìng méiyǒu bǎ tā qiújìn qǐlái, ér hé tā yīqǐ bèi zhuā de wáng wéi biàn yǒu shìbīng yán jiā kānguǎn.

Jǐnguǎn rúcǐ, dùfǔ zài zìshēn dōu nánbǎo de qíngkuàng xià hái dānyōuzhe guómín, zài zhège shíqí xiě xiàle xǔduō kuàizhìrénkǒu de shīpiān.

THE OFFICER PERIOD (为官时期)

1	时时刻刻	Shí shíkè kè	At every moment; all the time; always; continuously
2	逃跑	Táopǎo	Run away; flee; escape; take flight
3	终于	Zhōngyú	At last; in the end; finally; eventually
4	有一次	Yǒu yīcì	Once; on one occasion
5	看守	Kānshǒu	Watch; guard; jailor
6	士兵	Shìbīng	Rank-and-file soldiers; privates
7	不注意	Bù zhùyì	Inattention
8	连忙	Liánmáng	Promptly; immediately; instantly; in a hurry
9	出去	Chūqù	Go out; get out
10	逃出	Táo chū	Escape; run away from
11	去找	Qù zhǎo	Go for; look for; to call for
12	感动	Gǎndòng	Move; touch
13	艰难	Jiānnán	Difficult; hard; arduous
14	投靠	Tóukào	Go and seek refuge with somebody; go and live as a dependent
15	忠心耿耿	Zhōngxīn gěnggěng	Keep loyal to; be loyal and devoted; be most loyal
16	拾遗	Shíyí	Appropriate lost property
17	当官	Dāng guān	Fill an office; be an official
18	自己的	Zìjǐ de	Self
19	好景不长	Hǎojǐng bù cháng	Good times don't last long.
20	触怒	Chùnù	Make angry; infuriate; enrage
21	长安	Cháng'ān	Capital of China in the Han/Tang

			dynasties
22	收复	Shōufù	Recover; recapture; resume
23	大赦天下	Dàshè tiānxià	Proclaim a general amnesty; announce amnesty
24	朝廷	Cháotíng	Royal or imperial court
25	任职期间	Rènzhí qíjiān	Tenancy; tenure of office; term of office; tour of services
26	尽职	Jìnzhí	Fulfil one's duty; discharge one's duty
27	官场	Guānchǎng	Officialdom; official circles
28	老实	Lǎoshí	Honest; frank
29	本分	Běn fēn	One's duty; one's part; one's role; obligation
30	争斗	Zhēngdòu	Fight; struggle; strife
31	明争暗斗	Míngzhēng'àndòu	Both open rivalry and veiled strife
32	诬陷	Wúxiàn	Frame a case against; frame somebody Up
33	因而	Yīn'ér	Thus; as a result; with the result that
34	任职	Rènzhí	Take office; hold a post; be in office
35	途中	Túzhōng	On passage
36	烦闷	Fánmèn	Be unhappy; be worried
37	好友	Hǎoyǒu	Good friend
38	四川	Sìchuān	Sichuan
39	定居	Dìngjū	Settle; take up residence
40	过来	Guòlái	Come over; come up; can manage
41	富裕	Fùyù	Prosperous; well-to-do; well-off
42	也好	Yě hǎo	It may not be a bad idea; may as well

43	平平淡淡	Píngpíng dàndàn	No drama; moderate; rose
44	一家人	Yījiā rén	All of the same family; one family
45	其乐融融	Qílè róngróng	With happiness knowing no bounds; very cheerful; Joy is overflowing
46	早已	Zǎoyǐ	Long ago; for a long time
47	看透	Kàntòu	Understand thoroughly; gain an insight into
48	阴险	Yīnxiǎn	Sinister; insidious; treacherous
49	清明	Qīngmíng	Clear and bright; sober and calm; Qingming
50	清廉	Qīnglián	Honest and upright; free from corruption
51	事与愿违	Shìyǔ yuànwéi	Get the opposite of what one wants
52	不愿意	Bù yuànyì	Reluctant; not willing; unwilling
53	浑水	Hún shuǐ	Muddy water
54	回绝	Huíjué	Decline; refuse
55	此后	Cǐhòu	After that; after this; from now on; henceforth
56	担任	Dānrèn	Assume the office of; hold the post of
57	官职	Guānzhí	Government post; official position

Chinese (中文)

　　杜甫虽然被抓起来了，但他时时刻刻都在想着逃跑，身在曹营心在汉。终于有一次，他抓准机会，趁看守的士兵不注意的时候，连忙逃了出去。

杜甫在逃出去后，连忙去找唐肃宗。唐肃宗深受感动，看到杜甫在如此艰难的条件下还来投靠唐肃宗，可见其忠心耿耿。于是唐肃宗封杜甫为左拾遗。这个时候的杜甫才算得上是真正的当官。

好不容易达成了自己的心愿，但是好景不长。杜甫因为一件事触怒了唐肃宗，被贬华州。也就是在这一年，长安收复，唐肃宗大赦天下。于是杜甫又回到了朝廷，仍然担任着左拾遗。

杜甫任职期间可谓是尽职尽责，但是官场如战场，杜甫虽然老实本分的尽自己的责任，但还是被卷入了权力的争斗之中。

由于朝中的两大势力明争暗斗，杜甫被无辜的诬陷了。因而又被贬了，在任职的途中，杜甫十分烦闷，决定直接辞官。

在好友的帮助下，杜甫在四川定居下来，把他的家人也都接过来了。虽然日子不算富裕，但也好在平平淡淡，一家人其乐融融。

后来也有人推荐杜甫去当官，但是杜甫早已看透了官场的阴险，政治的腐败，这不是他想看到的局面，他想的是政治清明，官员清廉，但是现实却事与愿违。杜甫也不愿意再去趟浑水，便回绝了，此后也再没有担任过官职。

Pinyin (拼音)

Dùfǔ suīrán bèi zhuā qǐláile, dàn tā shí shíkè kè dōu zài xiǎngzhe táopǎo, shēn zài cáo yíng xīn zài hàn. Zhōngyú yǒu yīcì, tā zhuā zhǔn jīhuì, chèn kānshǒu dí shìbīng bù zhùyì de shíhòu, liánmáng táole chūqù.

Dùfǔ zàitáo chūqù hòu, liánmáng qù zhǎo tángsùzōng. Tángsùzōng shēn shòu gǎndòng, kàn dào dùfǔ zài rúcǐ jiānnán de tiáojiàn xià hái lái tóukào tángsùzōng, kějiàn qí zhōngxīn gěnggěng. Yúshì tángsùzōng fēng dùfǔ wèi zuǒ shíyí. Zhège shíhòu de dùfǔ cái suàndé shàng shì zhēnzhèng dí dàng guān.

　　Hǎobù róngyì dáchéngle zìjǐ de xīnyuàn, dànshì hǎojǐng bù cháng. Dùfǔ yīn wéi yī jiàn shì chùnùle tángsùzōng, bèi biǎn huá zhōu. Yě jiùshì zài zhè yī nián, cháng'ān shōufù, tángsùzōng dàshè tiānxià. Yúshì dùfǔ yòu huí dàole cháotíng, réngrán dānrènzhe zuò shíyí.

　　Dùfǔ rènzhí qíjiān kěwèi shì jìnzhí jìnzé, dànshì guānchǎng rú zhànchǎng, dùfǔ suīrán lǎoshí běn fēn de jǐn zi jǐ de zérèn, dàn háishì bèi juàn rùle quánlì de zhēng dǒu zhī zhōng.

　　Yóuyú cháo zhōng de liǎng dà shìlì míngzhēng'àndòu, dùfǔ bèi wúgū de wúxiànle. Yīn'ér yòu bèi biǎnle, zài rènzhí de túzhōng, dùfǔ shífēn fánmèn, juédìng zhíjiē cí guān.

　　Zài hǎoyǒu de bāngzhù xià, dùfǔ zài sìchuān dìngjū xiàlái, bǎ tā de jiārén yě dū jiē guòláile. Suīrán rìzi bù suàn fùyù, dàn yě hǎo zài píngpíng dàndàn, yījiā rén qílèróngróng.

　　Hòulái yěyǒu rén tuījiàn dùfǔ qù dāng guān, dànshì dùfǔ zǎoyǐ kàntòule guānchǎng de yīnxiǎn, zhèngzhì de fǔbài, zhè bùshì tā xiǎng kàn dào de júmiàn, tā xiǎng de shì zhèngzhì qīngmíng, guānyuán qīnglián, dànshì xiànshí què shìyǔyuànwéi. Dùfǔ yě bù yuànyì zài qù tāng hún shuǐ, biàn huíjuéle, cǐhòu yě zài méiyǒu dānrènguò guānzhí.

HARD OLD AGE (晚年艰辛)

1	定居	Dìngjū	Settle; put down roots; take up residence
2	四川	Sìchuān	Sichuan
3	成都	Chéngdū	Chengdu (capital of Sichuan)
4	在那里	Zài nàlǐ	There; over there; therein; where
5	修建	Xiūjiàn	Build; construct; animate; erect
6	杜甫草堂	Dùfǔ cǎotáng	Du Fu Cottage (former residence of Du Fu in Chengdu); Du Fu Thatched Cottage; Du Fu's thatched cottage
7	当时	Dāngshí	Then; at that time
8	居住	Jūzhù	Live; reside; dwell;
9	景点	Jǐngdiǎn	Scenic spots; place of interest
10	漂泊	Piāobó	Lead a wandering life; rove; wander; drift
11	安身	Ānshēn	Make one's home; take shelter
12	当官	Dāng guān	Fill an office; be an official; be in the presence of an official
13	收入来源	Shōurù láiyuán	Source of income
14	越来越	Yuè lái yuè	More and more
15	起居	Qǐjū	Daily life
16	相助	Xiāngzhù	Come to somebody's help, aid, help one another
17	勉强	Miǎn qiáng	Manage with an effort; do

			with difficulty
18	厚禄	Hòu lù	High government pay
19	故人	Gùrén	Old friend
20	断绝	Duànjué	Break off; cut off; stop; sever
21	稚子	Zhìzǐ	Child
22	凄凉	Qīliáng	Dreary; desolate; miserable; gloomy and forlorn
23	故友	Gùyǒu	Deceased friend; a departed friend; old friend
24	搭理	Dāli	Acknowledge; respond; answer
25	人心莫测	Rénxīn mò cè	The human heart is a mystery
26	小儿子	Xiǎo érzi	One's youngest son
27	缘故	Yuángù	Cause; reason
28	血色	Xuèsè	Redness of the skin; color
29	面黄肌瘦	Miànhuáng jīshòu	Emaciated and haggard; sallow and emaciated; lean and haggard
30	在此期间	Zài cǐ qíjiān	Ad interim; in the meantime
31	茅屋	Máowū	Thatched cottage
32	秋风	Qiūfēng	Autumn wind; gifts obtained on the pretext of celebrating birthday, etc.
33	诗词	Shīcí	Poetry and lyrics; poetry and ci
34	课本	Kèběn	Textbook
35	由此可见	Yóu cǐ kějiàn	Thus, it can be seen; From here we see that
36	滴水	Dīshuǐ	Drip; the triangle-shaped edge on one end of a kind of tile

37	安生	Ānshēng	Peaceful; restful
38	顽皮	Wánpí	Naughty; mischievous
39	年老无力	Nián lǎo wúlì	Be old and powerless
40	抢走	Qiǎng zǒu	Loot; rap
41	随随便便	Suí suí pián pián	Be rather casual; an offhand manner; be careless about things; casually
42	小孩子	Xiǎo háizi	Little one
43	欺负	Qīfù	Browbeat; take advantage of
44	描写	Miáoxiě	Describe; depict; portray; represent
45	当中	Dāngzhōng	In the middle; in the center
46	看出	Kàn chū	Make out; perceive; find out; be aware of
47	无奈	Wúnài	Cannot help but; have no alternative; have no choice
48	一家人	Yījiā rén	All of the same family; one family
49	养活	Yǎnghuo	Feed; support; raise (animals); give birth to
50	无能为力	Wúnéng wéilì	Incapable of action; helpless
51	多么	Duōme	How; what
52	悲哀	Bēi'āi	Grief; grieve; grievous; sorrow

Chinese (中文)

杜甫定居在四川成都，并且在那里修建了一所杜甫草堂，这也是他当时居住的地方，现在已经成了一处景点了。

杜甫在外漂泊了两年，最后还是回到了这间安身的小茅屋。由于杜甫拒绝了去当官，所以失去了主要的收入来源，生活过得越来越苦。杜甫的生活起居都要依靠好友的相助，才勉强过得下去。

晚年的杜甫，日子过得比较艰辛，他还 d 把他的一些经历写在了诗里。例如"厚禄故人书断绝，恒饥稚子色凄凉"，这一句的前半句描写的是杜甫的故友，拥有高薪厚禄，却丝毫不搭理他，可见人心莫测。后半句写的是他的小儿子，因为饥饿的缘故，脸上毫无血色，面黄肌瘦。

在此期间杜甫写的最著名的一首应该是《茅屋为秋风所破歌》，这首诗词也是被编进了中学课本里，由此可见其地位。

这首诗写的是杜甫居住的茅屋，在下雨之际，便哗啦啦地滴水，连觉都睡不安生。而且还有顽皮的小孩，看杜甫年老无力，抢走他的东西，可把杜甫气坏了。现在随随便便一个小孩子都能骑到他头上欺负了。

从这些描写当中我们可以看出杜甫的无奈。有一家人需要养活，自己却又无能为力，这是有多么的悲哀呀！

Pinyin (拼音)

Dùfǔ dìngjū zài sìchuān chéngdū, bìngqiě zài nàlǐ xiūjiànle yī suǒ dùfǔ cǎotáng, zhè yěshì tā dāngshí jūzhù dì dìfāng, xiànzài yǐjīng chéngle yī chù jǐngdiǎnle.

Dùfǔ zàiwài piāobóle liǎng nián, zuìhòu háishì huí dàole zhè jiān ānshēn de xiǎo máowū. Yóuyú dùfǔ jùjuéle qù dāng guān, suǒyǐ shīqùle zhǔyào de shōurù láiyuán, shēnghuóguò dé yuè lái yuè kǔ. Dùfǔ de shēnghuó qǐjū dōu yào yīkào hǎoyǒu de xiāngzhù, cái miǎnqiángguò dé xiàqù.

Wǎnnián de dùfǔ, rìziguò dé bǐjiào jiānxīn, tā hái d bǎ tā de yīxiē jīnglì xiě zàile shī lǐ. Lìrú "hòu lù gùrén shū duànjué, héng jī zhìzǐ sè qīliáng", zhè yījù de qiánbàn jù miáoxiě de shì dùfǔ de gùyǒu, yǒngyǒu gāoxīn hòu lù, què sīháo bù dāli tā, kějiàn rénxīn mò cè. Hòu bàn jù xiě de shì tā de xiǎo érzi, yīnwèi jī'è de yuángù, liǎn shàng háo wú xuèsè, miànhuángjīshòu.

Zài cǐ qíjiān dùfǔ xiě de zuì zhùmíng de yī shǒu yīnggāi shì "máowū wèi qiūfēng suǒ pò gē", zhè shǒu shīcí yěshì bèi biān jìnle zhōngxué kèběn lǐ, yóu cǐ kějiàn qí dìwèi.

Zhè shǒu shī xiě de shì dùfǔ jūzhù de máowū, zàixià yǔ zhī jì, biàn huālā la de dīshuǐ, lián jué dōu shuì bù'ān shēng. Érqiě hái yǒu wánpí de xiǎohái, kàn dùfǔ nián lǎo wúlì, qiǎng zǒu tā de dōngxī, kě bǎ dùfǔ qì huàile. Xiànzài suí suí pián pián yīgè xiǎo háizi dōu néng qí dào tā tóu shàng qīfùle.

Cóng zhèxiē miáoxiě dāngzhōng wǒmen kěyǐ kàn chū dùfǔ de wúnài. Yǒuyī jiārén xūyào yǎnghuo, zìjǐ què yòu wúnéngwéilì, zhè shì yǒu duōme de bēi'āi ya!

SUDDEN DEATH (猝然长逝)

1	前面	Qiánmiàn	In front; at the head; ahead
2	故事	Gùshì	Story; tale; plot; old practice; routine
3	可以	Kěyǐ	Can; may; passable; pretty good
4	看出	Kàn chū	Make out; perceive; find out; be aware of
5	贫穷	Pínqióng	Poor; needy; impoverished; privation
6	但是	Dànshì	But; however; yet; still
7	你知道吗	Nǐ zhīdào ma	Did you know
8	暴饮暴食	Bào yǐn bàoshí	Eat and drink too much
9	投靠	Tóukào	Go and seek refuge with somebody; go and live as a dependent
10	亲戚	Qīnqī	Relative; kinsman; kinswoman; kinsfolk
11	打算	Dǎsuàn	Intend; plan; think; mean
12	坐船	Zuò chuán	Take or go by a boat/ship
13	路上	Lùshàng	On the road
14	突然	Túrán	Sudden; abrupt; unexpected; suddenly
15	大暴雨	Dàbàoyǔ	Downpour
16	引发	Yǐnfā	Initiate; trigger; touch off; initiation
17	洪水	Hóngshuǐ	Deluge; flood
18	可是	Kěshì	But; yet; however

19	丝毫没有	Sīháo méiyǒu	Not a shred of
20	减弱	Jiǎnruò	Attenuate; fade; weaken; abate
21	趋势	Qūshì	Trend; tendency; drift; current
22	一连	Yīlián	In a row; in succession; running
23	耽误时间	Dānwù shíjiān	Waste time; lose time; drag somebody down
24	什么	Shénme	Anything; something
25	随身携带	Suíshēn xiédài	Carry ... with one; carry-on
26	干粮	Gānliáng	Solid food; field rations; rations for a journey
27	要是	Yàoshi	If; suppose; in case
28	吃饭	Chīfàn	Eat; have a meal
29	肯定	Kěndìng	Affirm; approve; confirm; regard as positive
30	受不了	Shòu bùliǎo	Be unable to endure; cannot stand (or endure)
31	俗话	Súhuà	Common saying; popular saying; proverb; adage
32	县令	Xiàn lìng	County magistrate
33	处境	Chǔjìng	The circumstances; unfavorable situation; plight
34	热心肠	Rèxīn cháng	Warm heart; warm-heartedness
35	连忙	Liánmáng	Promptly; immediately; instantly; in a hurry
36	伸手	Shēnshǒu	Stretch out one's hand
37	施救	Shī jiù	Rescue and resuscitate; come to the rescue
38	到家	Dàojiā	Reach a very high level; be perfect; be excellent

39	做客	Zuòkè	Be a guest
40	饭菜	Fàncài	Meal; repast
41	美酒	Měijiǔ	Good wine
42	听说过	Tīng shuōguò	Know of; hear of; know about
43	这么多	Zhème duō	So many; so much; thus much
44	好吃	Hào chī	Good to eat; tasty; delicious
45	精光	Jīngguāng	With nothing left
46	吃肉	Chī ròu	Eat meat
47	仿佛	Fǎngfú	Seem; as if; be more or less the same; be alike
48	吃完	Chī wán	Eat up; finish eating; mop up
49	全都	Quán dōu	All; completely; without exception
50	毕竟	Bìjìng	After all; all in all; when all is said and done; in the final analysis
51	年纪	Niánjì	Age
52	消化系统	Xiāohuà xìtǒng	Alimentary system; digestive system; Alimentary system
53	年轻	Niánqīng	Young
54	一下子	Yīxià zi	One time; in a short while
55	东西	Dōngxī	Thing; east and west; from east to west
56	难以	Nányǐ	Difficult to
57	消化	Xiāohuà	Digestion; digest
58	当天	Dàngtiān	The same day; that very day
59	夜里	Yèlǐ	At night; nighttime
60	肠胃	Chángwèi	Intestines and stomach; belly
61	过来	Guòlái	Come over; come up; can manage
62	就这样	Jiù zhèyàng	That's it; That's all; in this way

63	诗圣	Shī shèng	Poet-sage (an epithet for Du Fu of the Tang Dynasty)
64	猝然	Cùrán	Suddenly; abruptly; unexpectedly
65	长逝	Chángshì	Pass away; be gone forever

Chinese (中文)

从前面的故事当中我们足可以看出杜甫的贫穷，但是你知道吗？杜甫是因暴饮暴食而死的。

事情是这样的，杜甫想去投靠亲戚，打算坐船出发。路上突然下起了大暴雨，从而引发洪水，杜甫被困在江面上。

可是这洪水丝毫没有减弱的趋势，一连下了十多天。耽误时间倒不算什么，主要是随身携带的干粮都用光了。

一顿两顿不吃不算什么，但是要是一连好几天都不吃饭，那肯定受不了。俗话说得好，人是铁，饭是钢，一顿不吃饿得慌。

当地的县令知道杜甫的处境之后，也是个热心肠的人，连忙伸手施救。县令先是把他从船上救下来，知道他没有住的地方后，还热情的邀请他到家里来做客，给他准备了一桌子的饭菜，还有美酒，都是杜甫喜欢的。估计这县令也听说过杜甫的一些事，对他的喜好还是挺了解的。

杜甫见到这么多好吃的好喝的，几乎把桌子上的食物都吃了个精光，他已经好几天都没吃饭了，而且还大口吃肉大口喝酒，仿佛这一顿要把几天没吃完的全都补回来。

但是杜甫毕竟上了年纪了，消化系统也没有年轻时候那么好，一下子吃了这么多东西，难以消化。

当天夜里，由于肠胃负担过重，杜甫在闭上眼睛后，便再也没有醒过来。就这样，一代诗圣猝然长逝。

Pinyin (拼音)

Cóng qiánmiàn de gùshì dāngzhōng wǒmen zú kěyǐ kàn chū dùfǔ de pínqióng, dànshì nǐ zhīdào ma? Dùfǔ shì yīn bào yǐn bàoshí ér sǐ de.

Shìqíng shì zhèyàng de, dùfǔ xiǎng qù tóukào qīnqī, dǎsuàn zuò chuán chūfā. Lùshàng túrán xià qǐle dàbàoyǔ, cóng'ér yǐnfā hóngshuǐ, dùfǔ bèi kùn zài jiāngmiàn shàng.

Kěshì zhè hóngshuǐ sīháo méiyǒu jiǎnruò de qūshì, yīlián xiàle shí duō tiān. Dānwù shíjiān dào bù suàn shénme, zhǔyàoshi suíshēn xiédài de gānliáng dōu yòng guāngle.

Yī dùn liǎng dùn bù chī bù suàn shénme, dànshì yào shi yīlián hǎo jǐ tiān dū bù chīfàn, nà kěndìng shòu bùliǎo. Súhuà shuō dé hǎo, rén shì tiě, fàn shì gāng, yī dùn bù chī è dé huāng.

Dāngdì de xiàn lìng zhīdào dùfǔ de chǔjìng zhīhòu, yěshì gè rèxīncháng de rén, liánmáng shēnshǒu shī jiù. Xiàn lìng xiānshi bǎ tā cóng chuánshàng jiù xiàlái, zhīdào tā méiyǒu zhù dì dìfāng hòu, hái rèqíng de yāoqǐng tā dào jiālǐ lái zuòkè, gěi tā zhǔnbèile yī zhuōzi de fàncài, hái yǒu měijiǔ, dōu shì dùfǔ xǐhuān de. Gūjì zhè xiàn lìng yě tīng shuōguò dùfǔ de yīxiē shì, duì tā de xǐhào háishì tǐng liǎojiě de.

Dùfǔ jiàn dào zhème duō hào chī de hǎo hē de, jīhū bǎ zhuōzi shàng de shíwù dōu chīle gè jīngguāng, tā yǐjīng hǎo jǐ tiān dū méi chīfànle, érqiě hái dàkǒu chī ròu dàkǒu hējiǔ, fǎngfú zhè yī dùn yào bǎ jǐ tiān méi chī wán de quándōu bǔ huílái.

Dànshì dùfǔ bìjìng shàngle niánjìle, xiāohuà xìtǒng yě méiyǒu niánqīng shíhòu nàme hǎo, yīxià zi chīle zhème duō dōngxī, nányǐ xiāohuà.

Dàngtiān yèlǐ, yóuyú chángwèi fùdānguò zhòng, dùfǔ zài bì shàng yǎnjīng hòu, biàn zài yě méiyǒu xǐng guòlái. Jiù zhèyàng, yīdài shī shèng cùrán chángshì.

www.QuoraChinese.com

www.ingramcontent.com/pod-product-compliance
Lightning Source LLC
LaVergne TN
LVHW061959070526
838199LV00060B/4193